目と耳で覚える

漢字絵ずかん

3・4年生

地域・世界・時に関する漢字

監修 ：金田一秀穂

漢字絵文字：山内ジョージ

文 ：高梁まい

絵 ：タカハシコウコ

もくじ

六耀社

チャレンジ！　絵文字クイズ

1 絵文字で表した漢字が、部首とそれ以外の部分でばらばらになっちゃった！
左右のページからひとつずつ選んで組み合わせ、正しい漢字にもどそう！

部首

ばらばらになっているのは、下の文中の赤い漢字だよ。

ねこの住む住居は　どんな所？

畑に実った　おいしい作物

栄華をきわめた　大昔の国

イタリア旅行　旅人をかんげい

今日は年に一度の　町のお祭り！

次つぎとくる　やいばをぼうぎょ！

初めて出会った　とらとねこ

失礼な！　しっぽをふまれ　いかり心頭

へびの印象　こわい？　かわいい？

漢字の絵文字で　楽しく勉強

部首以外

3

4

左ページのアップになっている漢字を、絵文字で表すと……

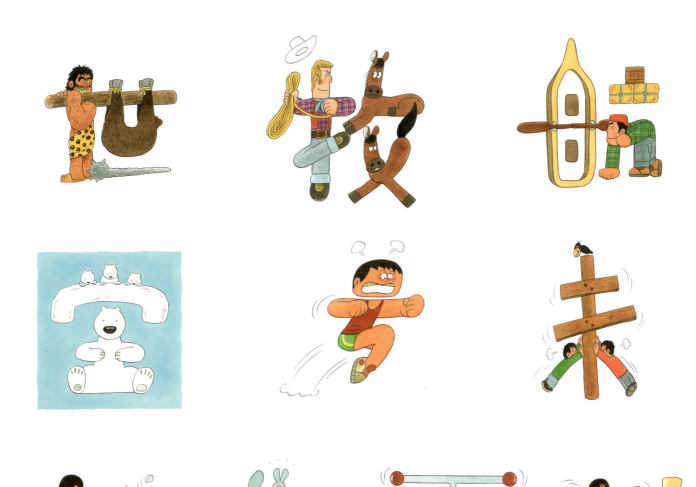

絵文字クイズの答えは、8〜37ページに出てくるよ。さがしてみよう！

はじめに

みなさんは今、漢字をいくつくらい読み書きすることができますか？
小学校6年間のうちに読み書きできるようにする漢字は、1年生で80字。2年生では
160字。3年生になると200字。4年生でも200字。5年生では185字。6年生で
181字。全部でなんと、1006字！　これだけの数の漢字を覚えるのは大変そうですね。
でも、日本語を書きあらわすときに漢字をつかえると、とても便利ですよ。たとえば「花」
と「鼻」という文字はどちらも「はな」と読みますが、それぞれ別のものを表しています。
漢字はひとつひとつの文字が意味をもっているのが特徴なのです。
つぎの文を読んでみましょう。ちくりんでたけのこをとる。
このままでは「ちくりん」とは何のことか、よくわかりませんね。
では、この文に漢字をまぜて書いてみましょう。竹林で竹の子をとる。
漢字で書くことで、「ちくりん」は竹の林のことだとわかります。

この「漢字絵ずかん」シリーズは、目と耳をつかって3・4年生で習う漢字を楽しく覚えよ
うというものです。
まずは、2〜5ページの「チャレンジ！　絵文字クイズ」に挑戦してみましょう。漢字の形
を絵文字にして、目で楽しく覚えられるようにしました。
また、本文では、漢字をつかった文を声に出して読むことで、耳からも覚えられるようにし
ました。同じ漢字を何度もくりかえし目で見て、大きな声で読みましょう。ひとつひとつの
漢字に興味がわいて、漢字が好きになってきますよ。そんなお手伝いができたら、とてもう
れしく思います。
さあ、この本では、「地域・世界・時」に関する漢字を覚えていきましょう！

こどもくらぶ

1巻　人・動き・様子に関する漢字
2巻　自然・物・量に関する漢字
3巻　学校・スポーツ・仲間に関する漢字
4巻　地域・世界・時に関する漢字

この本の見方

テーマ
意味やなりたちがにている漢字を、共通のテーマでくくっています。

文
その漢字の音読み・訓読みの読み方が学べるようになっています。

読み方
「音読み」はカタカナで、「訓読み」はひらがなでしめしています。訓読みの中の（ ）の部分は、送りがなです。青色は、中学生以上で習う読み方です。

初夏がすぎて　初めて水泳をした

かたな

 ショ

 はじ（め）　はじ（めて）
はつ　うい　そ（める）

7 画　4年生

ことば
初期　初代　初日　当初
初耳　初雪　書き初め

画数
この漢字を作っている線や点の数をしめしています。

習う学年
この漢字が教科書に初めて出てくる学年です。

漢字
小学3・4年生で習う漢字です。部首の部分を赤色でしめしています。同じテーマの中では、画数が少ない順にならんでいます。

漢字のなりたち　ネ（ぬの）＋ 刀 ➡ 初　ぬのを切るのが仕立てのはじめなので、「はじめ」の意味を表す。

漢字のなりたち
漢字がどのようにできたかをしめしています（はっきりとわかっているもののみ、のせています）。

始業ベルが鳴って　1時間目が始

 シ

 はじ（まる）　はじ（める）

8 画　3年生

ことば
始終　始動　始発　始末
開始　原始　事始め

筆順
この漢字を書く順番をしめしています＊。

部首
部首の名前です。

おんなへん

ことば
この漢字をつかったことばをしめしています。

24

「初め」と「始め」は同訓異字（→P18）だね。「初め」は「年の初め」のように、「最初、早い段階」を意味するときにつかうよ。「始め」は、「手始め」のように、「新しい物事の起こり、開始すること」を意味するんだ。なお、「はじめる」というときは「始める」と書き、「初める」とは書かないよ。注意しよう。

金田一先生のまめちしき
知っておいたら役に立つことや、漢字についてのまめちしきを、ことばの学者である金田一秀穂先生が教えてくれます。

絵
文の内容を、絵で表現しています。

クイズの答え

クイズの答え
2〜5ページの絵文字クイズの答えです。

＊ 文部科学省の「筆順指導の手びき」による。

となりの区から　転校してきた子

オン
ヨミ　ク

くん
よみ　――

4 画　3年生

かくしがまえ

ことば
区画　区間　区別　区民
区分け　学区　地区

漢字の
なりたち

 ➡ ➡ 區（区）

匸（わく）と、品（せまいくぎり）を3つ組み合わせた字。細かくいくつもにくぎることを表す。

何世紀も前に　世に広まった教え

オン
ヨミ　セ　セイ

くん
よみ　よ

5 画　3年生

いち

ことば
世間　世事　世相　近世
時世　治世　世の中

クイズの答え

漢字の
なりたち

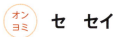 ➡

「十」を3つならべてできた字。昔は、30年を一区切りとして「一世」といった。

8

アメリカには　50 の州がある

 シュウ

 す

かわ

6 画　3年生

ことば
欧州　九州　上州　信州
砂州　三角州　中州

 **漢字の
なりたち**　　川の中にすながたまって、島ができた様子からできた字。

郵便局で　めずらしい切手を買った

 キョク

 ──

しかばね

7 画　3年生

ことば
局員　局外　局地　局面
開局　支局　当局　薬局

 **漢字の
なりたち**　　局　細かく分かれた区切りを表す。

作家がたくさん住む 住宅地

オンヨミ **ジュウ**

くんよみ **す(まう) す(む)**

7 画 3年生

にんべん

ことば
住所 住人 住民 安住
衣食住 先住 定住

クイズの答え

漢字のなりたち 主（ろうそく立ての上でじっともえている火）＋ イ（人）➡ 住
人が一か所にじっととどまること。「すむ」という意味を表す。

ガイドブックで 名所や見所をさがす

オンヨミ **ショ**

くんよみ **ところ**

8 画 3年生

とだれ

ことば
所在 所持 高所 住所
関所 場所 米所 台所

漢字のなりたち 戸（と）＋ 斤（おの）➡ 所　もとは木を切ることを表したが、のちに場所を表すようになった。

都道<ruby>府<rt>ふ</rt></ruby>県を　<ruby>暗記<rt>あんき</rt></ruby>する

 オンヨミ　フ

 くんよみ　—

8<ruby>画<rt>かく</rt></ruby>　4<ruby>年生<rt>ねんせい</rt></ruby>

まだれ

ことば
<ruby>府下<rt>ふか</rt></ruby>　<ruby>府政<rt>ふせい</rt></ruby>　<ruby>府庁<rt>ふちょう</rt></ruby>　<ruby>府民<rt>ふみん</rt></ruby>
<ruby>府立<rt>ふりつ</rt></ruby>　<ruby>首府<rt>しゅふ</rt></ruby>　<ruby>政府<rt>せいふ</rt></ruby>　<ruby>幕府<rt>ばくふ</rt></ruby>

漢字のなりたち　<ruby>广<rt>いえ</rt></ruby>（家）＋ <ruby>付<rt></rt></ruby>（ぴたりとつける）➡ 府　<ruby>物<rt>もの</rt></ruby>をびっしりとくっつけて<ruby>入<rt>い</rt></ruby>れておく、くらを<ruby>表<rt>あらわ</rt></ruby>す。

ムシャムシャと　<ruby>牧<rt>ぼく</rt></ruby><ruby>草<rt>そう</rt></ruby>を<ruby>食<rt>た</rt></ruby>べる　<ruby>牧<rt>まき</rt></ruby><ruby>場<rt>ば</rt></ruby>の<ruby>牛<rt>うし</rt></ruby>

 オンヨミ　ボク

 くんよみ　まき

8<ruby>画<rt>かく</rt></ruby>　4<ruby>年生<rt>ねんせい</rt></ruby>

うしへん

ことば
<ruby>牧牛<rt>ぼくぎゅう</rt></ruby>　<ruby>牧舎<rt>ぼくしゃ</rt></ruby>　<ruby>牧人<rt>ぼくじん</rt></ruby>　<ruby>牧歌<rt>ぼっか</rt></ruby>
<ruby>耕牧<rt>こうぼく</rt></ruby>　<ruby>農牧<rt>のうぼく</rt></ruby>　<ruby>放牧<rt>ほうぼく</rt></ruby>　<ruby>遊牧<rt>ゆうぼく</rt></ruby>

クイズの<ruby>答<rt>こた</rt></ruby>え

<ruby>上<rt>うえ</rt></ruby>の<ruby>文<rt>ぶん</rt></ruby>に<ruby>出<rt>で</rt></ruby>てくる「<ruby>牧場<rt>まきば</rt></ruby>」は、「ぼくじょう」という<ruby>読<rt>よ</rt></ruby>み<ruby>方<rt>かた</rt></ruby>もあるよ。このように、<ruby>同<rt>おな</rt></ruby>じ<ruby>文字<rt>もじ</rt></ruby>なのに<ruby>複数<rt>ふくすう</rt></ruby>の<ruby>読<rt>よ</rt></ruby>み<ruby>方<rt>かた</rt></ruby>がある<ruby>言葉<rt>ことば</rt></ruby>は、<ruby>日本語<rt>にほんご</rt></ruby>にたくさんあるんだ。「牧場」は「まきば」も「ぼくじょう」も<ruby>同<rt>おな</rt></ruby>じ<ruby>意味<rt>いみ</rt></ruby>だけれど、「<ruby>分別<rt>ふんべつ</rt></ruby>」（ふんべつ：<ruby>道理<rt>どうり</rt></ruby>をわきまえていること／ぶんべつ：<ruby>種類<rt>しゅるい</rt></ruby>によって<ruby>分<rt>わ</rt></ruby>けること）のように、<ruby>読<rt>よ</rt></ruby>み<ruby>方<rt>かた</rt></ruby>によってまったく<ruby>意味<rt>いみ</rt></ruby>が<ruby>変<rt>か</rt></ruby>わる<ruby>言葉<rt>ことば</rt></ruby>もあるよ。

世界に広まった 一つの歌

オンヨミ カイ

くんよみ ——

9画 3年生

た

ことば
外界　各界　境界　業界
下界　限界　財界　政界

漢字のなりたち　田（田んぼ）＋ 仌（人が間に入って2つに分けること）→ 畍 → 界　田んぼの区分けを表す。

大きな湖のある 県はどこかな？

オンヨミ ケン

くんよみ ——

9画 3年生

め

ことば
県下　県花　県議会　県民
近県　全県　他県

漢字のなりたち　県（首を切って高い所からぶらさげること）＋ 系（ひもでつなぐ）→ 縣 → 縣（県）

つりさげるという意味を表し、のちに、国をおさめるために分けた区切りを表すようになった。

花畑から見える　田畑が広がる風景

オンヨミ	―
くんよみ	はた　はたけ

9 画　3年生

た

ことば
畑仕事　畑作　畑地　畑道
茶畑　麦畑　焼き畑

クイズの答え

 漢字は、中国から伝わってきたものだけではなく、日本でつくられたものもあるよ。こうした漢字を「国字」というんだ。「畑」や「働」は国字だよ。学校で習う漢字以外では、「峠」「鰯」といった国字があるよ。

国が栄え　栄光を手にした王様

オンヨミ	エイ
くんよみ	さか（える） は（え）　は（える）

9 画　4年生

き

ことば
栄位　栄進　栄達　栄転
共栄　光栄　清栄　繁栄

クイズの答え

 漢字のなりたち 𤇾（火で取りまくこと）＋ 木（木）➡ 榮 ➡ 榮（栄）
はなやかなことを表す。

13

有名な建築家が建てた　変わった建物

建

えんにょう

- オンヨミ　ケン　コン
- くんよみ　た(つ)　た(てる)

9 画　4年生

ことば
建国　建材　建設　再建
建立　建具　建て前

「建つ」と似ている言葉に、「立つ」があるよ。「建つ」は、「建物ができる」という意味でつかわれる言葉。一方、「立つ」は、「体を起こして足で立つ」という意味だよ。

遠くに聞こえる　寺院のかねの音

院

こざとへん

- オンヨミ　イン
- くんよみ　—

10 画　3年生

ことば
院長　医院　議院　修道院
書院　大学院　病院

漢字のなりたち　阝（もり上げた土）＋ 完（ぐるりと取り囲む）➡ 院　周りを垣根で囲んだ中庭のこと。

世界<ruby>旅<rt>りょ</rt></ruby>行をして　<ruby>旅<rt>たび</rt></ruby>日記を書いた

旅

 リョ

 たび

10 画　3年生

かたへん

ことば

りょかく 旅客	りょかん 旅館	りょじょう 旅情	りょひ 旅費
たびさき 旅先	たびじ 旅路	たびびと 旅人	ふなたび 船旅

クイズの答え

漢字のなりたち　<ruby>十<rt>はた</rt></ruby>（旗）＋ <ruby>〵〵<rt>ふたり ひと</rt></ruby>（2人の人） ➡ ➡ ➡ 旅

<ruby>人<rt>ひと</rt></ruby>びとが、<ruby>旗<rt>はた</rt></ruby>の<ruby>下<rt>した</rt></ruby>で<ruby>列<rt>れつ</rt></ruby>を<ruby>作<rt>つく</rt></ruby>って<ruby>進<rt>すす</rt></ruby>んでいくことを<ruby>表<rt>あらわ</rt></ruby>す。

<ruby>顔<rt>かお</rt></ruby>を<ruby>上<rt>あ</rt></ruby>げて　<ruby>航<rt>こう</rt></ruby>海に<ruby>出<rt>で</rt></ruby>よう

航

 コウ

 ——

10 画　4年生

ふねへん

ことば

こうくう 航空	こうこう 航行	こうぞく 航続	こうろ 航路
うんこう 運航	しゅうこう 周航	しゅっこう 出航	らいこう 来航

クイズの答え

漢字のなりたち　<ruby>亢<rt></rt></ruby>（まっすぐな<ruby>人<rt>ひと</rt></ruby>の<ruby>首<rt>くび</rt></ruby>）＋ <ruby>舟<rt>ふね</rt></ruby>（ふね） ➡ 航　ふねがまっすぐに<ruby>進<rt>すす</rt></ruby>むことを<ruby>表<rt>あらわ</rt></ruby>す。

15

今日は祭日　お祭りの日だ

オンヨミ　サイ

くんよみ　まつ（り）　まつ（る）

しめす

11 画　3年生

ことば
祭神　祭典　祭礼　前夜祭
文化祭　花祭り　火祭り

クイズの答え

漢字のなりたち　夕（肉）＋ ヨ（手）＋ 示（祭壇）➡ ➡ ➡ 祭
祭壇やそなえ物を清めてまつることを表す。

ベネチアは　「水の都」とよばれる都市

オンヨミ　ツ　ト

くんよみ　みやこ

おおざと

11 画　3年生

ことば
都合　都度　都会　都心
古都　首都　都落ち

漢字のなりたち　者（火を強くする）＋ 阝（町）➡ 都　人びとが集まる大きな町を表す。

ついてない！　朝のバス停　大行列

にんべん

オンヨミ　テイ

くんよみ　──

11画　4年生

ことば
停止　停車　停船　停電
停年　停留所　調停

漢字のなりたち

亭（建物が地上にじっと立っていること）＋　イ（人）　➡　停

人がじっと止まって、動かないことを表す。

お寺の本堂に　お参りする

つち

オンヨミ　ドウ

くんよみ　──

11画　4年生

ことば
一堂　議事堂　公会堂　講堂
金堂　食堂　聖堂

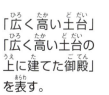

クイズの答え

漢字のなりたち

尚（かべのあなから空気が出て行く様子）＋　土　➡　堂

「広く高い土台」「広く高い土台の上に建てた御殿」を表す。

地域・世界

17

大きな船が入港した 港町

- オンヨミ **コウ**
- くんよみ **みなと**

さんずい

12画 **3年生**

ことば
港口 開港 帰港 寄港
漁港 空港 出港 良港

漢字のなりたち

シ（さんずい） ＋ 巷（村を通っている道） ➡ 港

船の通る水上の道筋のこと。のちに、船が集まる場所である「みなと」を表すようになった。

街角にある 美しい街灯

- オンヨミ **ガイ カイ**
- くんよみ **まち**

ぎょうがまえ

12画 **4年生**

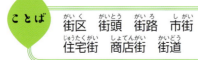

ことば
街区 街頭 街路 市街
住宅街 商店街 街道

「まち」には「町」と「街」の2通りの漢字があるね。このように、訓読みが同じで意味も似ている漢字を「同訓異字」というんだ。「町」は人がたくさん集まって住んでいる所、「街」は商店や官庁・会社・学校などが立ちならんだにぎやかな通りや、その付近一帯をさすよ。

博物館で見た　きょうりゅうの化石

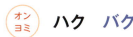
オン
ヨミ　ハク　バク

くん
よみ　—

じゅう

12画　4年生

ことば
博愛　博学　博士
博識　博覧会　広博

漢字の
なりたち　十（集める）＋ 専（平らに広がる）➡ 博（博）

悪路をこえて　家路を急ぐ

オン
ヨミ　ロ

くん
よみ　じ

あしへん

13画　3年生

ことば
路地　路上　路線　路面
海路　空路　道路　山路

漢字の
なりたち　（足）＋ 各（じゃまな石を転がしながら進むこと）➡ 路　連絡のための横道を表す。

駅にお父さんを　むかえに行こう

 オンヨミ　エキ

 くんよみ　——

14 画　3年生

うまへん

ことば
駅員　駅舎　駅伝　駅頭
駅馬車　駅弁　宿駅

もとの字は「驛」。「馬（うま）」と「睪（悪いことをした人を次つぎと調べる）」を組み合わせた字で、「馬を乗りついだり休んだりする宿場」を表すよ。大昔の中国や日本では、首都と地方を結ぶ道に、一定の距離ごとに宿屋や乗りかえ用の馬を置いた中継所があって、そこを「駅」とよんでいたんだ。

標識を守って　進んでいこう

 オンヨミ　ヒョウ

 くんよみ　——

15 画　4年生

きへん

ことば
標記　標語　標札　標本
座標　指標　道標　目標

 漢字のなりたち　票（高くまい上がる）＋ 木 ➡ 標　高いこずえ、また、高いところにある目印を表す。

20

いつか　世界中の美術館に　行きたいな

オンヨミ　**カン**

くんよみ　──

しょくへん

16 画　3年生

ことば　館長　館内　開館　休館
新館　図書館　本館

漢字のなりたち　食（たべもの）＋ 官（役人が集まる家）➡ 館　役人が食事をする大きな建物を表す。

橋から　鉄橋を通る　汽車を見た

オンヨミ　**キョウ**

くんよみ　**はし**

きへん

ことば　歩道橋　陸橋　橋渡し
石橋　船橋　丸木橋

漢字のなりたち　（木）＋ （家の屋根の両端が曲がっている様子）➡ ➡ 橋　真ん中がそりかえった「はし」を表す。

21

新幹線の　1号車に乗った

オンヨミ	ゴウ
くんよみ	―

5 画　3年生

くち

ことば
号外　号数　号令　暗号
記号　信号　年号　屋号

クイズの答え

漢字のなりたち　口（くち）＋ 丂（曲がって出る様子）➡ 号　大きな口を開けて、声をからしてどなることを表す。

週末は　末の妹の誕生日

オンヨミ	マツ　バツ
くんよみ	すえ

5 画　4年生

き

ことば
末期　末日　末葉　期末
結末　末っ子　行く末

漢字のなりたち　　木の細くなった先の部分を表す。

自由に 未来の絵をかこう

 ミ

 ——

5画　4年生

き

ことば
未開　未完　未決　未知
未着　未定　未聞　未練

「未」は、まだのびきらない小枝をえがいた字で、「まだそうなっていないこと」を表すよ。「末」と形がにているね。下の横ぼうが短いのが「末」、長いのが「未」だよ。

クイズの答え

続きは次回　次はどんな話かな

 ジ　シ

 つぎ　つ(ぐ)

6画　3年生

あくび

ことば
次期　次席　次代　次点
一次　順次　二の次

クイズの答え

漢字のなりたち　二（ならべる）＋ （人が体をかがめた様子）　➡　➡　➡　次

「旅の荷物をおろしてならべ、体を休める」という意味だったが、のちに「順序をつけてならべる」という意味になった。

23

初夏がすぎて 初めて水泳をした

 ショ

 はじ（め） はじ（めて）
はつ うい そ（める）

7 画　4年生

かたな

ことば
初期 初代 初日 当初
初耳 初雪 書き初め

クイズの答え

 漢字の なりたち　ネ（ぬの）＋ 刀 ➡ 初　ぬのを切るのが仕立てのはじめなので、「はじめ」の意味を表す。

始業ベルが鳴って 1時間目が始まった

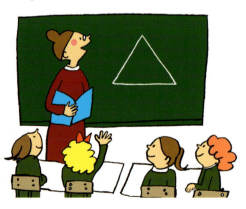

 シ

 はじ（まる） はじ（める）

8 画　3年生

おんなへん

ことば
始終 始動 始発 始末
開始 原始 事始め

クイズの答え

 「初め」と「始め」は同訓異字（→P18）だね。「初め」は「年の初め」のように、「最初、早い段階」を意味するときにつかうよ。「始め」は、「手始め」のように、「新しい物事の起こり、開始すること」を意味するんだ。なお、「はじめる」というときは「始める」と書き、「初める」とは書かないよ。注意しよう。

50メートルを　7秒で走りぬく

のぎへん

オンヨミ	ビョウ
くんよみ	―

9画　3年生

ことば
秒針　秒速　秒読み
寸秒　分秒　毎秒

漢字のなりたち
禾（いね）＋ 少（小さい）➡ 秒

いねのほの、先の細いところを意味する。ここから、時間の小さな単位を表した。

3世紀前に建てられた　文化財の建物

いとへん

オンヨミ	キ
くんよみ	―

9画　4年生

ことば
紀元　紀元前　紀行　紀要
軍紀　西紀　風紀

漢字のなりたち

己（曲がったものがのびようとする様子）＋ 糸（いと）➡ 紀

こんがらがった糸の先を見つけ、それを手がかりに順序よくほぐしていくことを表す。

25

昨年から　ピアノのけいこを始めたよ

昨

ひへん

オンヨミ	サク
くんよみ	―

9 画　4年生

ことば
昨日　昨週　昨秋　昨晩
昨夜　昨今　一昨日

漢字の
なりたち　乍（「サク」という音を表す）＋ 日 ➡ 昨

乗車が終わって　最終列車が発車した

終

いとへん

オンヨミ	シュウ
くんよみ	お（える）　お（わる）

11 画　3年生

ことば
終業　終結　終止　終始
終日　終着　終点　有終

漢字の
なりたち　糸（いと）＋ 冬（作物をたくわえる1年の終わりの季節）➡ 終

糸まきに糸をたくわえた
様子をえがいた字。物事
が最後まで行き着くこと
を表す。

好きな料理の第1位は　カレーライス

オンヨミ　ダイ

くんよみ　—

11 画　**3年生**

たけかんむり

ことば
第一人者　第一線　第三者
第六感　次第　落第

漢字のなりたち　
州（竹）＋ 弟（くいにまきついてのぼっていく植物のつる）➡ 第 ➡ 第
竹の節が順序よくならんでいる様子を表す。

順番を守って　お店にならぶ

オンヨミ　ジュン

くんよみ　—

12 画　**4年生**

おおがい

ことば
順位　順次　順序　順調
席順　打順　手順　筆順

漢字のなりたち　
頁（あたま）＋ 川 ➡ 順　　川の水が流れていく方向に、すなおに顔を向けてしたがうことを表す。

継続は力　毎日続けよう

 オンヨミ　ゾク

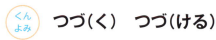 くんよみ　つづ（く）　つづ（ける）

いとへん

13画　4年生

ことば
続出　続発　続行　後続
持続　連続　地続き

もとの字は「續」というむずかしい字だったよ。「賣」はお金や品物がとぎれないように行き来させることを表した字。それに「糸」をつけて、とぎれないように糸をつないで、はたおり仕事の流れを通すことを表すんだ。

おじいさんが話してくれた　ぼくの家の歴史

 オンヨミ　レキ

 くんよみ　——

とめる

14画　4年生

ことば
歴戦　歴然　歴代　歴任
経歴　前歴　来歴　略歴

漢字のなりたち
厤（いねを屋根の下にならべた様子）＋ 止（あし）➡ 歴（歴）

順序よくつぎつぎと歩いて通ることを表す。

28

しせいを正して　お礼を言った

オンヨミ　レイ　ライ

くんよみ　─

5画　**3年生**

しめすへん

ことば
礼節　礼服　礼法　敬礼
祭礼　失礼　返礼　目礼

もとの字は「禮」というむずかしい字だったよ。「示（祭壇）」と「豊（おそなえを器にもった様子）」を組み合わせて、「神をまつること」を表すんだ。

クイズの答え

失敗したって　すべてを失うわけじゃない

オンヨミ　シツ

くんよみ　うしな(う)

5画　**4年生**

だい

ことば
失意　失火　失言　失神
自失　消失　得失　流失

クイズの答え

漢字の
なりたち

屮（手）＋ 乀（横へぬける印）　➡　引　➡　失　➡　失
手の中の物が横にぬけて、どこかへ行ってしまうことを表す。

29

有りあまる富を 所有するお金持ち

有

つき

- オンヨミ　ユウ　ウ
- くんよみ　あ(る)

6画　3年生

ことば

有機　有形　有事　有数
共有　特有　有無　有様

漢字のなりたち　ヨ（手で輪を作る）＋ ⺼（肉。のちに、あやまって月の形になった）➡ ➡ 有

スポーツと勉強を 両立している友達

両

いち

- オンヨミ　リョウ
- くんよみ　—

6画　3年生

ことば

両側　両極　両者　両親
両人　両方　両面　車両

クイズの答え

漢字のなりたち　兩 ➡ 兩（両）

右と左がつり合っている天びんばかりの形からできた字。

印象に残った所に　印をつけよう

ふしづくり

オンヨミ イン

くんよみ しるし

6 画　4年生

ことば
印刷　印字　印象　消印
実印　調印　旗印　目印

クイズの答え

漢字のなりたち
（手）＋　（ひざまずいた人）　➡　　➡　印

人を手でおさえつけることを表す。のちに、上からおさえて、はんこをおすという意味になった。

遠くにある的に　的中させた

しろ

オンヨミ テキ

くんよみ まと

8 画　4年生

ことば
的確　一方的　基本的　知的
動的　目的　的外れ

漢字のなりたち
勺（一部分をとくに取り出す）＋　白　➡　的

一部分だけを取り上げて、白くはっきりと目立たせることを表す。

31

神社で神様に　お願いした

しめすへん

オンヨミ　シン　ジン

くんよみ　かみ　かん　こう

9画　3年生

ことば

神官	神経	神道	神代
天神	神業	女神	神主

漢字のなりたち　示（神さまをまつる祭壇）＋ 乙（いなずま）➡ 祀 ➡ 神（神）

いなずまのようにふしぎな自然の力をおそれ、まつるという意味だったが、のちに「ふしぎな力」「目に見えない心の働き」を表すようになった。

細面の仮面をかぶって　劇に出た

めん

オンヨミ　メン

くんよみ　おも　おもて　つら

9画　3年生

ことば

面会	面積	面目	海面
正面	面持ち	矢面	

漢字のなりたち　 圐 ➡ 面

頭を囲んだ形からできた字。「わくで囲まれた広さ」「顔」「顔をある方向に向ける」という意味となった。

この問題は簡単！　すぐに　答えが出た

オン
ヨミ　タン

くん
よみ　──

9 画　4年生

つ

ことば
単位　単元　単語　単行本
単身　単数　単調

「単」の部首の「ʯ（つ）」は、「ʯ（しょう）」と形がにているね。「ʯ（しょう）」が部首の漢字には、「当」などがあるよ。たがいに部首の部分を書きまちがえないように注意しよう。

定期便で　毎月来る便り

オン
ヨミ　ビン　ベン

くん
よみ　たよ(り)

9 画　4年生

にんべん

ことば
便乗　便船　幸便　便器
便法　便利　不便　方便

漢字の
なりたち

更（ぴんとかたくはること）＋ イ（人）➡ 便

かたくなっているものを、人が都合のよいようにならしてつかいこなすことを表す。

33

真珠のような 真心をもった人

め

オンヨミ　シン

くんよみ　ま

10 画　3年生

ことば　真意　真空　真相　真理
写真　真っ向　真昼

漢字のなりたち　卜（さじ）＋ 鼎（三本足の器）→ 鼎 → 眞 → 眞（真）

さじで入れ物にいっぱい入れることを表す。中がからでないことから、「本当」という意味になった。

残飯が出ないよう 残さず食べよう

がつへん

オンヨミ　ザン

くんよみ　のこ（す）　のこ（る）

10 画　4年生

ことば　残月　残暑　残念　残部
敗残　無残　心残り

漢字のなりたち　戔（刃物で切って小さくすること）＋ 歹（ほね）→ 殘（残）

切り取って小さくなったのこりのほねを表す。

得意料理は　ハンバーグ

 オン ヨミ リョウ

 くん よみ ―

とます

10 画　4年生

 ことば
衣料	給料	材料	食料
資料	送料	無料	有料

クイズの答え

「料」は「科」と形がにているから、書きまちがえないように気をつけよう。なりたちも、「米（こめ）＋斗（ひしゃく）→料」と「禾（作物）＋斗（ひしゃく）→科」といったように、とてもにているよ。

この漢字は　何画かな？

 オン ヨミ カン

 くん よみ ―

さんずい

13 画　3年生

 ことば
漢語	漢詩	漢文	漢方
漢和	好漢	熱血漢	

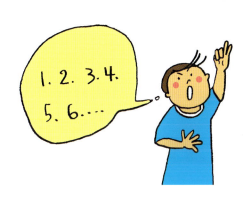

クイズの答え

「漢」は、昔の中国の国のよび名につかわれていたよ。「漢水」という水の少ない川の上流から国がおこったからなんだ。「漢字」は、漢の国でつくられた文字ということに由来する名前だよ。

35

ニコニコ笑顔の　福の神

オン
ヨミ　フク

くん
よみ　——

しめすへん

13 画　3年生

ことば
福運　福徳　福引き　福利
幸福　祝福　裕福

漢字の
なりたち　畐（お酒が入ったとっくり）＋ 示（祭壇）➡ 福（福）

とっくりにたっぷりお酒が入っているように、神のめぐみがゆたかなことを表す。

節分は　季節の節目です

オン
ヨミ　セツ　セチ

くん
よみ　ふし

13 画　4年生

たけかんむり

ことば
節季　節食　節度　節約
関節　時節　文節　節穴

漢字の
なりたち　即（ごちそうのそばにひざまずく人）＋ 竹 ➡ 節

ひざのところで折れ曲がって足が区切れるように、1だんずつ区切れる竹のふしのこと。

運動会の　録画を見よう

オン
ヨミ　**ロク**

くん
よみ　**―**

16画　4年生

かねへん

ことば
録音　記録　語録　実録
集録　登録　付録　目録

漢字のなりたち　录（表面をけずりとる）＋ 金 ➡ 録　青銅の表面をけずって、文字をほることを表す。

いろいろな種類の　果物を食べた

オン
ヨミ　**ルイ**

くん
よみ　**―**

18画　4年生

おおがい

ことば
類型　類語　類書　類例
衣類　魚類　書類　分類

漢字のなりたち　犬（いぬ）＋頪（「ライ」の音を表し、「同じものが重なる」という意味）➡ 類（類）
犬にはたくさんの種類があって、たがいににているので、にているものの集まりを表す。

37

部首
- オンヨミ
- くんよみ
- 画数　習う学年

地域・世界に関する漢字	丁 いち オンヨミ チョウ テイ くんよみ ― 2画 3年生 丁度　丁目　丁字路 丁重	坂 つちへん オンヨミ ハン くんよみ さか 7画 3年生 急坂　坂道　下り坂 上り坂
宮 うかんむり オンヨミ キュウ グウ ク くんよみ みや 10画 3年生 宮中　王宮　神宮 宮参り	郡 おおざと オンヨミ グン くんよみ ― 10画 4年生 郡県制度　郡司　郡部	**時・順番に**関する漢字 
史 くち オンヨミ シ くんよみ ― 5画 4年生 史学　史実　史料　有史	昔 ひ オンヨミ シャク セキ くんよみ むかし 8画 3年生 昔日　昔年　昔話　昔風	速 しんにょう オンヨミ ソク くんよみ はや(い)　はや(める)　すみ(やか) 10画 3年生 速達　速読　音速　高速
その他の漢字	化 ひ オンヨミ カ ケ くんよみ ば(かす)　ば(ける) 4画 3年生 化学　進化　化身 化け物	欠 あくび オンヨミ ケツ くんよみ か(く)　か(ける) 4画 4年生 欠員　欠場　出欠 不可欠
不 いち オンヨミ フ ブ くんよみ ― 4画 4年生 不安　不明　不器用 不調法	申 た オンヨミ シン くんよみ もう(す) 5画 3年生 申告　上申　答申 申し開き	他 にんべん オンヨミ タ くんよみ ほか 5画 3年生 他国　他人　自他　利他

部首
この本に出てくる

イ にんべん	什 じゅう	圭 つちへん	女 おんなへん	彳 ぎょうにんべん	阝 こざとへん	氵 さんずい	戸 とだれ	方 かたへん	日 ひへん	木 きへん	歹 がつへん	牛 うしへん	礻 しめすへん	白 しろ	禾 のぎへん	糸 いとへん	舟 ふねへん	貝 かいへん	足 あしへん	金 かねへん	食 しょくへん	馬 うまへん

へん

刀 かたな	刂 りっとう	匕 ひ	阝 おおざと	阝 ふしづくり	斗 とます	欠 あくび	田 た

つくり

38

代 にんべん	オンヨミ ダイ タイ くんよみ か(える) か(わる) よ しろ 5画 3年生 代案 交代 身代わり 代物	由 た	オンヨミ ユ ユウ ユイ くんよみ よし 5画 3年生 由来 経由 自由 理由	必 こころ	オンヨミ ヒツ くんよみ かなら(ず) 5画 4年生 必定 必然 必中 必要
完 うかんむり	オンヨミ カン くんよみ ― 7画 4年生 完結 完成 完全 未完	利 りっとう	オンヨミ リ くんよみ き(く) 7画 4年生 利器 利口 便利 有利	英 くさかんむり	オンヨミ エイ くんよみ ― 8画 4年生 英気 英語 英知 英明
果 き	オンヨミ カ くんよみ は(たす) は(て) は(てる) 8画 4年生 果実 果肉 結果 果たし合い	径 ぎょうにんべん	オンヨミ ケイ くんよみ ― 8画 4年生 径路 口径 直径 山径	刷 りっとう	オンヨミ サツ くんよみ す(る) 8画 4年生 刷紙 刷新 印刷 刷り物
法 さんずい	オンヨミ ホウ ハッ ホッ くんよみ ― 8画 4年生 法案 法人 方法 法度	昭 ひへん	オンヨミ ショウ くんよみ ― 9画 3年生 昭光 昭昭 昭然 昭和	要 にし	オンヨミ ヨウ くんよみ い(る) 9画 4年生 要求 要人 重要 所要
候 にんべん	オンヨミ コウ くんよみ そうろう 10画 4年生 候補 気候 時候 天候	特 うしへん	オンヨミ トク くんよみ ― 10画 4年生 特産 特集 特定 特別	極 きへん	オンヨミ キョク ゴク くんよみ きわ(まる) きわ(み) きわ(める) 12画 4年生 極小 極大 電極 極意
貯 かいへん	オンヨミ チョ くんよみ ― 12画 4年生 貯金 貯水 貯蔵 貯蓄	無 れんが	オンヨミ ブ ム くんよみ な(い) 12画 4年生 無作法 無形 無実 宿無し	辞 からい	オンヨミ ジ くんよみ や(める) 13画 4年生 辞意 辞書 固辞 祝辞

つくり
辛 からい
頁 おおがい

かんむり
一 いち
口 くち
宀 うかんむり
ツ くさかんむり
艹 くさかんむり
田 た
目 め
竹 たけかんむり
西 にし

あし
土 つち
日 ひ
月 つき
木 き
止 とめる
灬 れんが
示 しめす

かまえ
亡 かくしがまえ
行 ぎょうがまえ

にょう
廴 えんにょう
辶 しんにょう

たれ
尸 しかばね
广 まだれ

そのほか
一 いち
口 くち
大 だい
川 かわ
心 こころ
木 き
欠 あくび
田 た
目 め
面 めん

■ 監修／金田一秀穂（きんだいち　ひでほ）
1953年、東京生まれ。上智大学心理学科卒業。東京外国語大学大学院日本語学専攻修了。ハーバード大学客員研究員を経て、現在は杏林大学外国語学部教授。日本語学の権威である祖父・金田一京助氏、父・春彦氏に続く、日本語研究の第一人者。監修は『新レインボー小学国語辞典』（学習研究社）、著書『人間には使えない蟹語辞典』（ポプラ社）など多数。

■ 漢字絵文字／山内ジョージ（やまうち　じょーじ）
1940年、中国・大連生まれ。トキワ荘に出入りして漫画修業をし、独立。動物絵文字という独特の世界に挑んで創作を展開し、絵本、広告、デザインなど活動は幅広い。フジテレビ「ひらけ！ポンキッキ」の動物文字アニメを制作。代表作に『絵カナ？字カナ？』（偕成社）、『動物 どうぶつ ABC』（ほるぷ出版）、「目と耳でおぼえる かんじ絵ずかん 1・2年生」（全3巻、六耀社）などがある。東南アジア文化支援プロジェクト事務局長。

■ 文／高梁まい（たかはし　まい）　絵／タカハシコウコ
『手で見る学習絵本　テルミ』（日本児童教育振興財団発行）の編集にたずさわり、主に視覚に障害をもつ子どもを対象とした絵本の企画・編集・製作をしている。姉妹で活動。主な出版物は、てんじ手作り絵本『かいてみよう　かんじ1〜7』（社会福祉法人桜雲会）、てんじ手作り絵本『つくっちゃ王』（社会福祉法人桜雲会）など。

■ 編さん／こどもくらぶ
「こどもくらぶ」は、あそび・教育・福祉の分野で、こどもに関する書籍を企画・編集しているエヌ・アンド・エス企画編集室の愛称。図書館用書籍として、毎年150〜200冊を企画・編集・DTP製作している。これまでの作品は1000タイトルを超す。http://www.imajinsha.co.jp/

■ 企画・制作・デザイン
株式会社エヌ・アンド・エス企画
Unison（デザイン）

目と耳で覚える　漢字絵ずかん　3・4年生 地域・世界・時に関する漢字

初　版　　第1刷　2017年2月13日

監　修　　金田一秀穂
発　行　　株式会社 六耀社
　　　　　〒136-0082 東京都江東区新木場2-2-1
　　　　　電話　03-5569-5491　FAX　03-5569-5824
発行人　　圖師尚幸
印刷所　　シナノ書籍印刷株式会社

NDC810　246×215mm　40P　　ISBN978-4-89737-872-5　Printed in Japan